AF332028

HISTOIRE

DE LA

VILLE D'ARRAS

DEPUIS 1812 JUSQU'A NOS JOURS

*D'après les chansons patoises publiées chaque année
pour la fête communale.*

Les fêtes annuelles établies, de temps immémorial, dans les
villes de la Flandre et de l'Artois, avaient toujours été religieuse-
ment conservées par les villes de Lille, de Douai et de Cambrai.
Arras seul avait, pendant quarante ans, négligé la commémora-
tion de ses grands souvenirs, lesquels, ayant pris naissance en des
temps reculés et d'ignorance, ne pouvaient plus, en ces siècles
de lumière, continuer à être le prétexte de fêtes publiques : la
partie religieuse en ayant été supprimée par Mgr de Conzié, la
partie profane tomba presque aussitôt en oubli.

Cependant, malgré l'absence des fêtes officielles, les ouvriers
n'en continuèrent pas moins de se réunir en famille ou en société de plaisir le lundi le plus voisin de la fête de St-Louis, et
les trois jours suivants, fête adoptée par les *dentellières, les per-
ruquiers, les tourneurs, les épiciers, les restaurateurs, les employés
de la place*, etc.; enfin, en ces jours, tous les habitants de la Ville
et Cité étaient en fête et appelaient à participer à leur joie
les habitants de Lille, Douai, Cambrai et Béthune, qui les
avaient appelés au jour de leurs agapes. Aussi, vers 1811, l'autorité municipale sentit elle-même la convenance de répondre
aux invitations des villes voisines, d'ériger en fête publique la
dédicace du jour où nos pères passèrent de l'autorité espagnole
sous celle des rois de France ; trois jours furent d'abord consa-
crés en solennités publiques, mais les bourgeois et les ouvriers
n'en continuèrent pas moins de fêter et de se promener pendant
cinq jours, ce qui força l'autorité municipale à prolonger de
deux jours la fête publique. Pour mieux fêter la réhabilitation

1861

de la fête annuelle du 25 août, un poète populaire fit la chanson de 1812, usage qui s'est continué jusqu'à ce jour ; il créa deux êtres fictifs, Colas et Jacqueline ; ils sont supposés habiter la campagne, à 8 ou 10 kilomètres de la porte Ronville, par laquelle ils semblent toujours faire leur entrée : d'abord ce sont deux amants se faisant la cour et promettant de se livrer aux plaisirs de la fête à cœur joie.

L'affluence des étrangers fut si grande, en 1812, que Jacqueline n'ose se risquer d'y retourner, en 1813, quoiqu'elle désire ardemment voir la salle de spectacle nouvellement restaurée ; les jeux annoncés par le programme étaient très - nombreux. La coiffure des dames de la campagne se nommait bindon ; la dentelle affectait deux ailes de pigeon descendant sur les joues ; il n'en reste plus de modèle.

En 1813, Colas, comme tant d'autres, fut pris par la réquisition, mais la rentrée du roi en 1814, le fit licencier ; il nous revint pour se livrer avec Jacqueline aux joies des fêtes publiques données à l'occasion de la fête du monarque, assistant au repas public, donné dans les Allées par les pompiers, dans les magasins de l'Arsenal, et le soir se livrant à la danse avec beaucoup d'entrain. Le retour de Bonaparte lui fit reprendre le mousquet, au grand désappointement de Jacqueline, qui lui reprocha amèrement de ne point l'avoir épousée, pendant les mois de liesse qu'ils venaient de traverser.

En 1815, la seconde restauration lui fit donner son congé ; il vint à Arras avec tous les hommes de son village, en grande pompe, monté sur un cheval blanc, chercher le drapeau communal, pour le faire bénir solennellement par le curé de la paroisse.

Les premiers mois de 1816 virent bénir l'union de Colas et de Jacqueline ; mais en entrant en ménage, ils durent payer la contribution du temps, c'est-à-dire héberger quelques Anglais, ce qui les embarrassait un peu, pour venir à la fête d'Arras, qui correspondait aussi avec celle du roi ; le héros des saltimbanques de ladite fête était Franconi.

En 1817, Colas, se rappelant le temps où il avait été militaire, veut voir le simulacre d'une guerre faite par les militaires de la garnison. Le carré, où se donne le spectacle des jeux, presque en face du Café des Allées, était encore à cette date occupé par un vaste magasin, où était établie la manutention : les murs en étaient hideux et menaçaient ruine, ce qui fut cause qu'on le fit disparaître.

En 1818, Colas et Jacqueline peuvent embrasser un premier enfant ; le prix du pain a beaucoup diminué, Arras s'est embelli, et tout le monde est invité à venir prendre sa part des réjouissances publiques.

En 1819, les chaleurs furent grandes ; un marchand de coco de Paris vint offrir aux Atrébates son jus de citron et de réglisse.

Cette année ne fut pas favorable à Jacqueline ni à Colas ; la première, dans la foule, eut le bas de son jupon déchiré par les éperons d'un officier, et Colas, étant au jeu de paume, reçut une balle sur le nez qui lui rendit impossible, depuis ce temps, l'usage du tabac en poudre.

1820. — Colas forme le projet de venir à la fête, sur le baudet de son cousin, quand il ne pourra plus y venir à pied. Jacqueline veut encore aller à la comédie,

> Mais pon au quatrième,
> Du qui gn'ia pon d'femmes.
> Chés garchons n'ont fait eck'crier,
> Ravise Jacquelaine à ch'poulaillier.

L'entrée des bâtiments de Saint-Vaast n'était alors permise que tous les deux ans. A l'ancien marchand de coco succède le nommé Damiens, enfant du pays. Au feu d'artifice Colas eut le jabot brûlé.

1821. — Jacqueline a tant dansé au jour du baptême de Monseigneur le duc de Bordeaux, qu'elle s'en trouve encore fatiguée et ne veut pas aller à la ducasse ; mais Colas la décide en lui conseillant d'y mener son petit fils Robert et sa petite Louison ; il y eut cette année une brillante illumination des Allées en vers de couleurs.

1822. — Jacqueline souffre encore d'un mal d' yeux contracté au feu d'artifice de l'année dernière,

> Où deux grandes lumières,
> Lui brûlèrent les paupières.

Elle fit pour sa guérison le pélerinage de Charleville, où se trouvait une intriguante se disant douée du don de miracle. En cette année parut la mode des casquettes avec une visière circulaire, la troupe même en fut coiffée, du moins en partie ; le spectacle gratis eut lieu aussi pour la première fois ; en cette année, la façade de l'hôtel-de-ville fut restaurée, le balcon en fer fut remplacé par un en pierre, et la galerie qui la surmonte fut refaite à neuf ; le prix de la diligence pour Douai était alors de trois francs.

1823. — Colas est courroucé contre Jacqueline ; de mauvaises langues ont répandu le bruit qu'elle avait des adorateurs, mais elle s'en défend ; car elle

> N' voudraut pont pour in gambon
> Qu'in manirau sin minton.

Pour la première fois parut le jeu d'équilibre.

> A califourchon sur einn' corde
> Ein queurre sans démordre ;
> Mais pour ch'ti qui perd s'naplomb,
> Adiu bayette et patalon.

1824. — En cette année parut la mode des pantalons en blouse; un arrêté municipal ordonnait de tuer les chiens trouvés sans muselière; aussi la chanson disait :

> N'amène pas din l'ville
> Nous qien si habile;
> Car s'il n'a pon ed'musilière,
> Din ceup d'bâton i s'ra à terre.

La mode des chapeaux est à larges bords, dits à la Trocadéro, du nom de la victoire remportée en Espagne par l'armée française. La municipalité offrait encore chaque année un bal public très-fréquenté par les campagnards et les militaires,

> Qui dans'ront au son d'ech trintrin;
> En avant deux, dira Colin,
> Qu'in cache, qu'in décache,
> Et pis à vous plache,
> Allons donc, mam'selle du faubourg,
> Ed' vous cavalier faites-nous l'tour.

1825. — Les petites *poquettes* avaient labouré plus d'une figure et jeté l'épouvante au milieu de notre population ; un arrêté municipal avait ordonné d'arborer un drapeau noir au-dessus des maisons envahies par l'épidémie.

> Le petit Robert est guéri
> De cette cruelle maladie,
> Sa figure est nette,
> Gn'a pu ein' poquette,
> Ech garde champette, hier au soir,
> Il a v'nu r'quaire ech drapeau noir.

1826. — Grande mission religieuse couronnée par la plantation d'un calvaire, procession somptueuse, admirable. La salle de spectacle est restaurée, des statues décorent son frontispice ; dans ce temps, les fiacres de la ville stationnaient au bas de la place du Théâtre.

1827. — Jacqueline se plaint que le prix de façon des dentelles diminue, par la concurrence que leur fait le tulle Bobin ; elle souhaiterait savoir broder, c'est un article de mode qui permet aux ouvrières de cet état de fréquenter le nouveau magasin de nouveautés de la Dame blanche. Colas aussi se plaint du peu de bénéfice que lui rapporte son travail, et par l'appui de son cousin Blaise, il va entrer à la nouvelle fabrique de sucre de betteraves que l'on construit près des Allées; c'est cette année là que fut élevée la grande cheminée. Jacqueline recommande à Colas de faire des économies pour pouvoir bien se divertir à l'arrivée du roi en nos murs.

1828. — Colas décoche une satyre contre les usuriers, rit de la mode des cravates jaunes, des cols et des sous-pieds pour faire tendre le pantalon ; les manches à la Marie Stuart ont aussi leur couplet.

> Leux manches ed'robes sont si gonflées,
> Qu'in dirau qu'leux braus sont soufflés.

La garde nationale y reçoit des éloges pour le service qu'elle fit près du roi.

> Et in canonnier plein de zéle,
> A réculé in canon,
> Din nou chitadelle,
> Aveucq ein' brique ou in copon.

La fausse porte, édifiée au pont de Cité par les portefaix du marché aux grains, et dont les tilleuls arrachés sur la place de la Magdeleine formaient l'avenue, excite aux yeux de Colas un souvenir d'admiration ; le bal public de la place du Wetz-d'Amein et celui de Saint-Vaast pour la haute société, sont aussi l'objet de ses chants.

1829. — Malgré une année pluvieuse, la récolte s'était faite de bonne heure. Depuis longtemps le pain étant cher, Colas trouve que c'est bien malheureux.

> Il ne peut plus boire in coup,
> Il devient sec comme un coucou.

Les manches de robe ont continué d'augmenter d'ampleur et ressemblent assez à des ballons gonflés. On établit à Arras la première pompe publique.

1830. — L'auteur des chansons précédentes, frappé dans ses sympathies par la révolution de Juillet, en fit une qui est demeurée manuscrite, parce qu'il critiquait le nouveau soleil levant, en racontant l'histoire du passé du nouveau chef de l'état. Ce que l'on y remarque de neuf, c'est l'établissement de la foire sur la place de la Basse-Ville.

> Parlons aussi d' chés boutiques ;
> Al' sont isolés d'in l' Basse-Ville,
> In n'i vindra pas,
> Pour raccommoder ses bas,
> Nous édiles y sont donc trompés,
> Cheux del ville n'in s'ront pon fâchés.

1831. — Même silence de la part du chanteur, même satyre de la part de l'auteur ; seulement on reconnaît que les chaleurs furent fortes et mûrirent de bonne heure les moissons ; les danses publiques du grand rond ont été supprimées,

> Et judi ou verdi, au pu tard,
> Ils prendront congé ed'Pamart.

1832. — Les enfants de Colas et de Jacqueline (3ᵉ et 4ᵉ), tiot Jean et tiot Jacques, prient leurs père et mère de les conduire à la fête d'Arras, d'y essayer leur adresse dans les jeux. De nouveaux embellissements ont été faits en ville, les portes des caves sur la voie publique sont supprimées, chaque jour les puits publics sont remplacés par des pompes. L'horizon politique s'est un peu rembruni ; un concours de bestiaux doit avoir lieu à Arras ; une belle revue des troupes de la garnison et de la garde nationale doit également avoir lieu sur la Grande-Place ; Colas, après 17 ans d'absence sous les drapeaux, se fait un vrai plaisir d'y venir parader.

<blockquote>
1833.—Colas. Allons, dépêchons-nous,
A Arras, allons-y tertous,
Gn'iera des jux pour tous les goûts,
Des pierrots, des paillasses,
Einn' voé ch'lau qu'al ducasse,
Nous y minj'rons des pemm' ed terre frites,
Gn'ien à plein des grandes marmites.
</blockquote>

La paix s'est consolidée ; on travaille beaucoup à réparer les remparts de la ville ; on a rebâti l'Hôtel-Dieu pour en faire un musée ; des projets sont à l'étude pour le transport du marché au poisson, en un lieu plus convenable ; une exposition publique doit avoir lieu dans les bâtiments de Saint-Vaast ; le génie fait établir un jet d'eau, nommé bélier, à l'abreuvoir militaire des Promenades. M. Léon, charcuitier, Mme Bigour, marchande de comestibles, et Mme Défrenne, marchande bouchère, ont fait établir des boutiques modèles revêtues de marbres et de peintures artistiques. Cette année vit réformer le parterre de la salle de spectacle, des bans y furent placés. Consécration de la Cathédrale, par Mgr de Latour-d'Auvergne.

1834.— Cette année, grande illumination aux Promenades ; le reste n'est que banalité.

1835.— Cette année là, Jacqueline et Colas ont un cinquième enfant, qu'ils emmènent à la fête ; une épidémie, comme celle de 1825, a encore sévi contre les enfants (*des poquettes sa fille est refaite*). Les principaux événements sont la mort des victimes de Fieschi, la démolition du beffroi et l'érection d'un belvédère sur la tour de Saint-Jean-Baptiste.

1836.—Le premier marchand d'habits confectionnés, à l'usage du grand monde, s'établit près des cafés, place du Théâtre ; le haut du clocher est démoli, la rue de Juillet est percée, le bâtiment de Saint-Vaast est devenu la propriété de la ville, le jardin est devenu public, le milieu est réservé pour la science botanique ; la *Juive* fait courir au théâtre.

1837. — La mode des manches enflées a fait place aux manches collantes ; pour la première fois a lieu la course aux ânes ; Colas se plaint du peu d'activité que l'on met pour reconstruire le beffroi ; la construction des trottoirs a fait de grands progrès ;

les jeux de hasard sont défendus; l'administration municipale vote la construction d'une église en Cité.

1838.—Ce qui distingue la fête de 1838, c'est une belle exposition de peinture, faite mi-partie aux frais de l'administration et des souscripteurs; le bruit de la construction d'un château d'eau est à l'ordre du jour; on parle de l'ouverture de la porte Saint-Michel; cette année vit aussi éclairer la ville par la lumière du gaz.

1839. — Le chansonnier Pamart chante la fête historique de Douai, et fait des vœux pour en voir établir une semblable à Arras; le confort se répand dans nos campagnes par l'usage du parapluie, nos faubouriennes s'en sont munies. Cette année vit éclore sur le marché aux grains une nouvelle manière de reconnaître le *pacus* des bouteurs, c'était une perche surmontée d'un numéro d'ordre; mais ce système, péchant par le peu de solidité de sa base, fut bientôt supprimé; l'hôtel de la préfecture détruit par un incendie, est en voie de construction, sa porte d'entrée, placée sur le côté droit, est critiquée par le chansonnier.

1840. — En 1839 le pain était cher, mais il diminue en 1840; la procession est rétablie. Cette année vit l'entrée en nos murs de notre vénéré évêque, revêtu de la pourpre romaine; toute la ville était en fête. Le beffroi est réédifié; le Jardin botanique a été débarrassé des hautes murailles qui l'enfermaient comme une prison, et de belles grilles lui servent de cloison. Des bruits de guerre se répandent; cette fois c'est contre l'Angleterre que nous nous préparons à prendre les armes, pour éclaircir la question d'Orient.

1841. — Première fête historique représentant la joyeuse entrée de Charles-le-Téméraire, duc de Bourgogne; les plus hauts personnages de la ville, avec le concours des jeunes gens, y prirent part; les costumes furent des plus brillants, l'ordre, l'harmonie des plus parfaits. C'est cette année que fut élevée la statue du grand Turenne, au milieu du grand rond des Promenades; il n'y eut pas de feu d'artifice, mais un beau feu de joie au milieu de la Grande-Place. Charles-le-Téméraire y assistait avec toute sa suite, et de là se rendit au bal offert à son Altesse.

1842. — Le plus saillant du moment, c'est le projet de l'établissement du premier chemin de fer, nommé ligne du Nord. Le lion a été replacé au faîte du beffroi. Cette année vit éclore la mode des paletots, vêtement large mais peu gracieux, ressemblant bien plus à un sac qu'à un vêtement. Les enfants de Jacqueline et de Colas ont vieilli; ils pensent à l'établissement de leurs aînés.

1843. — Seconde fête historique. La petite vérole fait encore cette année de grands ravages. Le mardi, concours de musique, où sont conviées les musiques des villes voisines ; les artilleurs, de leur côté, ont adressé des invitations à leurs camarades de Douai, Lille et Amiens, auxquels ils ont rendu de grands honneurs en leur hôtel, en reconnaissance surtout de leur belle réception de l'année précédente. Un nouvel établissement de café restaurant fut ouvert, rue des Trois-Visages, mais n'eut pas grand succès ; la Fille-d'Honneur a transféré son établissement dans la rue Saint-Géry ; des omnibus sont établis pour conduire les voyageurs au chemin de fer et les ramener à domicile.

1844. — Cette année, l'érection de la chapelle des Dames du Saint - Sacrement, devient le but des promeneurs et le sujet de l'admiration des étrangers. M. Hallette fait des expériences d'un nouveau système de locomotion au moyen de tubes propulseurs ; différents inconvénients l'ont fait rejeter. L'établissement de bains à domicile date aussi de ce temps-là. Aux fêtes de Juillet, la musique donnait des aubades du haut des galeries du beffroi.

1845. — Cette année, par suite des pluies continuelles, la moisson est retardée ; la garnison de la ville fut fort réduite ; le petit commerce s'en plaint. La danse en faveur est la polka. Le corbillard est en pleine activité et fait son service pour les enterrements de toutes les classes.

1846. — L'année fut favorable aux récoltes ; la moisson est presque achevée. L'âge fait prendre un bâton à Jacqueline ; Colas voudrait la faire monter en chemin de fer, mais la catastrophe de Fampoux lui inspire trop de crainte, elle n'ose s'y exposer. Une boutique d'un goût sans précédent est établie par Mme Bigour ; on y rencontre tout ce que l'industrie peut concevoir de beau et de bon.

1847. — Le pain est cher, mais la moisson s'annonce sous d'heureux auspices ; des ateliers de charité avaient été créés par l'administration ; des députations de la garde nationale allèrent se faire passer en revue par Louis-Philippe, à Douai, et, cette année, le duc de Montpensier présida à la destruction des murs de Bapaume.

1848. — La révolution de février jette Colas dans l'inquiétude, il n'ose se risquer de venir à la fête, mais Jacqueline l'y décide. L'arbre de la liberté, planté sur la Petite-Place et sa bonne venue, est ce qui le frappe le plus. La garde nationale fut nombreuse à la revue, où furent distribuées des médailles d'honneur aux défenseurs de la République, dans l'émeute de juin ; les chansons à la mode étaient la Marseillaise et les Girondins. On construit la salle de bal de la galerie de Saint-Vaast.

1849. — La salle de bal de Saint-Vaast est inaugurée ; des tentures de damas en tapissent les murs, des lustres brillants l'éclairent, des glaces habilement disposées en doublent l'étendue et donnent à cette salle un aspect féérique. Concours d'harmonie.

1850. -- Etablissement d'un café-restaurant rue des Rapporteurs. L'abattoir est en construction. Un train de plaisir venant de Paris fait espérer la venue de beaucoup d'amis. Les orphéonistes ont été chanter à Roubaix; comme ils y furent bien reçus, ils se proposent de donner une fête semblable et d'y inviter les sociétés orphéoniques des villes voisines.

1851.—La mort de Son Eminence, Msr le Cardinal de Latour-d'Auvergne, est ce qui a le plus ému les Artésiens, cette année ; son tombeau attire les étrangers, qui tous se rappellent quelques souvenirs et parlent avec emphase de ses riches funérailles. M. Clemenson de Paris doit nous donner un échantillon de son talent comme illuminateur des fêtes publiques. Un farceur a peint en bleu le paletot de *Munito*, ce qui a diverti beaucoup les gamins. M. Nocq-Deusy part en ballon pour la Belgique.

1852. — Un nouveau chanteur nous annonce que Colas a succombé, à l'âge de 58 ans, d'une atteinte d'apoplexie foudroyante; sa fidèle compagne l'a suivie de près au tombeau. Mathurin, et leur fille Louisette, son épouse, née en 1818, leur succèdent. Leur premier soin est de se rendre à la cathédrale pour faire la connaissance de leur nouvel Evêque. Le café-restaurant de la rue des Rapporteurs est transformé en café-chantant ; un comique en fait les délices avec l'appui de deux chanteuses ; un carrousel est donné par les cuirassiers de la garnison ; et un arrêté préfectoral interdit, dans les campagnes, les cabinets particuliers, dans les cabarets. Les pompiers quittent l'habit pour prendre la tunique. Etablissement de l'école de natation.

1853. — Le président de la République s'est fait nommer empereur et l'on annonce son passage dans nos murs, pour le mois de septembre. Mathurin et Louisette critiquent la toilette du suisse de la cathédrale, se divertissent à l'avance de l'arrivée des chœurs orphéoniques des villes circonvoisines et se préparent à jouir de la vue de l'exposition des produits de l'industrie. Le congrès des savants de France doit tenir ses séances à la salle des Concerts. Msr l'Evêque défend de porter le Saint-Sacrement à la procession de la fête.

1854.—La moisson est abondante; la porte Ronville est en démolition ; le jeu des ciseaux paraît pour la première fois, et la société des orphéonistes donne sa première fête vénitienne. Crainte de guerre avec la Russie.

1855. — Nouvel impôt sur les liqueurs fortes ; l'hiver fut très-rude. Le chanteur Pignon abandonne la scène pour se réfugier aux Invalides; il est remplacé par le nommé Joseph Kopp. La porte Ronville est achevée, mais on lui fait perdre son nom et on lui donne celui du souverain. Une belle procession s'était faite à Douai et y avait attiré un grand nombre d'étrangers. Les Artésiens font des vœux pour en voir une semblable dans leurs murs.

1856. — La prise de Sébastopol a ramené la paix ; l'armée rentre en France ; chaque ville les fête chaleureusement à leur passage. Une deuxième fête sur l'eau est organisée par les soins de la société des orphéonistes, mais cette fois bien plus grande et plus brillante que la première. Le célèbre Clemenson est chargé de l'illumination. La musique du premier régiment du génie se charge de la partie instrumentale et les orphéonistes de la partie vocale. L'ampleur des robes excite la critique du chansonnier, qui les poursuit de ses sarcasmes spirituels.

1857. — L'auteur des dernières chansons étant venu à décéder, trois amateurs des couplets annuels voulurent bien s'en charger, mais ils imposèrent pour condition au chanteur qu'elle serait illustrée ; c'est à eux que nous sommes redevables de la petite vignette placée en tête. Libres dans leurs idées, ils firent reparaître Jacqueline et Colas, que le chansonnier précédent, M. Boullard, avait fait disparaître. Dans cette chanson, le canon et les cloches annoncent la fête,

> Les Artésiens seront bien surpris
> Ed nous r'voir, ils nous croyautes occis,
> Ech' canteux peu solide
> Est aux Invalides,
> Jamais il n'au valut Pamard,
> Pour faire rire tous chés campagnards.

On s'occupe d'une pétition pour une procession et pour faire une fête bien belle en l'honneur de la sainte chandelle. On y fait des compliments au cercle de la rue des Capucins, qui aide les ouvriers trop vieux pour travailler ; on y rit de l'astronome, qui s'est trompé sur la fin du monde. Les paysans se réjouissent, ils vendent tout bien cher le samedi. On est tellement fatigué de l'ampleur des robes, que l'on parle d'élargir les rues. *Par un nouveau procédé, les matelas sont cardés, au n° 6, rue des Récollets.* Lachique et ses marmousets ont été éloignés des Promenades. Après le feu d'artifice *on va boire du café à un sou le gobelet,* rue de Justice.

1858. — Colas, dont le cœur ne vieillit pas, en est encore à regretter que l'on ait supprimé la danse publique du grand rond des Promenades.

> Car, pour qu'mincher fête,
> In faigeau grande toilette.

La nouvelle boucherie a été installée ainsi qu'un marché aux légumes sur la place du Wetz-d'Amein. De nouveaux procédés ont été introduits pour la confection et l'assainissement des couchers ; et les vieux militaires du premier empire ont reçu une médaille commémorative de leurs anciens services.

1859. — La crinoline est toujours en grande faveur. La guerre avec l'Italie est finie ; la paix est signée. Ce qu'a le plus remarqué Colas, c'est le talent du nouveau carillonneur, l'affluence du monde se portant pour acheter de la porcelaine de rebut à un déballage, l'établissement de beaux trottoirs, et d'urinoirs aux coins des rues les plus fréquentées, et le travail commencé pour la reconstruction et l'embellissement de la mairie.

1860. — Grande fête à Arras, avec procession splendide à l'occasion de la béatification de Benoît Labre. Etablissement de trottoirs sur la place du Théâtre et de la rue des Capucins.Grand succès obtenu par les Orphéonistes à Gand. Il ne cesse de pleuvoir, aussi il est offert

> Mill' francs à qui pourra r'trouver,
> L'soleil perdu d'puis le mois d' janvier.

1861. — Après s'être fait *rajeunir*, Colas gagne la ville ; ce qui le frappe en y entrant, c'est le nouveau costume des militaires de la ligne, le bonnet de police, la jaquette et le pantalon retroussé au-dessus des guêtres en cuir jaune. Nos troupes sont entrées victorieuses dans la capitale du Céleste-Empire. Une comète inconnue des savants est venue les surprendre. Nos orphéonistes sont revenus vainqueurs, de Boulogne, et la population est allé au-devant d'eux leur présenter des bouquets; et, en remercîment, ils ont donné une de leurs belles fêtes de nuit.

L. M. V.

495. — Arras : Typographie Schoutheer.

128